M

de secours
d'urgence

Le Guide Suffisamment Bon

Le Emergency Capacity Building Project (ECB)

Mesure de l'impact et redevabilité en situation de secours d'urgence : Le Guide suffisamment bon a été élaboré dans le cadre du **Emergency Capacity Building Project (ECB).** Le Projet a été créé pour traiter les lacunes dans la réponse internationale aux secours d'urgence. Son objectif consiste à améliorer la rapidité, la qualité et l'efficacité avec laquelle la communauté humanitaire sauve des vies, améliore le bienêtre et protège les droits des femmes, des hommes et des enfants affectés par l'urgence.

Remerciements

Le financement du Projet **ECB** provient à la fois de la Fondation Bill & Melinda Gates et de la société Microsoft Corporation. Sans leur engagement à améliorer la capacité du secteur, *Le Guide suffisamment bon* n'aurait pas été possible. Qu'ils trouvent ici nos remerciements pour leur appui.

Les contributeurs

Le Guide suffisamment bon se fonde sur les contributions du personnel de terrain et du siège des organisations suivantes:
- CARE International
- Catholic Relief Services
- International Rescue Committee
- Mercy Corps
- Oxfam GB
- Save the Children
- World Vision International

Il se fonde également sur les contributions de membres du personnel du Projet Sphère, de Humanitarian Accountability Partnership, de Active Learning Network for Accountability and Performance in Humanitarian Action, ainsi que de nombreuses autres organisations. Des références et des sources d'informations supplémentaires ainsi que des remerciements figurent en Section 8. Une liste de contributeurs individuels figure à la fin du livre.

Mesure de l'impact et redevabilité en situation de secours d'urgence

Le Guide Suffisamment Bon

Emergency Capacity Building Project

Le Guide suffisamment bon

Mesure de l'impact et redevabilié en situation de secours d'urgence:
Le Guide suffisamment bon

Publication originale au Royaume Uni en anglais de Oxfam GB pour le Emergency
Capacity Building Project, Mars 2007, sous la NIL de Oxfam 978-0-85598-594-3

Texte anglais ©World Vision International pour le compte du Emergency Capacity
Building Project 2007

Publication en version francaise de EPP Books Services et Oxfam GB pour le
Emergency Capacity Building Project Mars 2008 sous la NIL de
Oxfam 978-0-85598-617-9 et la NIL de EPP 978-9988-0-7445-6

Traduction francaise ©World Vision International pour le compte du
Emergency Capacity Building Project 2008

Edition Francaise © EPP Books Services et Oxfam GB 2008

Impact Measurement and Accountability in Emergencies: The Good Enough Guide

This book was first published in the United Kingdom in English in March 2007 by
Oxfam Publishing for the Emergency Capacity Building Project under
Oxfam ISBN 978-0-85598-594-3

English text © World Vision International for the Emergency Capacity Building
Project 2007

French edition first published by EPP Books Services and Oxfam GB for the
Emergency Capacity Building Project March 2008 under
EPP Books Services ISBN 978-9988-0-7445-6 and
Oxfam GB ISBN 978-0-85598-617-9

French translation © World Vision International for the Emergency Capacity Building Project 20
This French edition © EPP Books Services and Oxfam GB 2008

EPP Books Services
44 A/7 La Education
P. O. Box TF490
Trade Fair Centre
Accra
Ghana
www.eppbookservices.com

Oxfam GB
John Smith Drive
Oxford OX4 2JY
United Kingdom
www.oxfam.org.uk/publications

Imprimé en/Printed in Ghana by Excellent Publishing and Printing

A l'intérieur du Guide

Préface:
Les éléments fondamentaux de la redevabilité et de la mesure de l'impact

Les éléments fondamentaux de la redevabilité et de la mesure de l'impact sont la base sur laquelle *Le Guide suffisamment bon* a été élaboré. Les éléments fondamentaux énumérés ci-dessous ont été établis par les représentants de sept organisations du Emergency Capacity Building Project (ECB) au cours d'un atelier qui s'est tenu à Nairobi en février 2006.

Les éléments fondamentaux de la redevabilité

Le personnel des projets humanitaires devrait, au minimum :

1. Fournir des informations publiques aux bénéficiaires et autres parties prenantes sur leur organisation, ses plans et leurs droits à l'assistance.

2. Diriger une consultation continue avec les personnes assistées. Ceci devrait avoir lieu aussitôt que possible au début d'une opération de secours humanitaire et se poursuivre régulièrement. « Consultation » signifie échange d'information et d'opinions entre l'organisation et les bénéficiaires de son action. L'échange concernera :
   • Les besoins et aspirations des bénéficiaires
   • Les plans de projet de l'organisation
   • Les droits des bénéficiaires
   • Le feedback et les réactions des bénéficiaires envers l'organisation concernant ses plans et les résultats escomptés

3. Etablir des mécanismes de feedback systématique qui permettent:
   - Aux organisations de faire un rapport aux bénéficiaires sur l'état d'avancement du projet et son évolution
   - Aux bénéficiaires d'expliquer aux organisations si les projets satisfont leurs besoins
   - Aux bénéficiaires d'expliquer aux organisations la différence que le projet apporte dans leur vie

4. De répondre, d'adapter et d'évoluer en réponse au feedback reçu et d'expliquer à toutes les parties prenantes les changements effectués et / ou les raisons pour lesquelles le changement n'a pas été possible.

Les éléments fondamentaux de la mesure de l'impact

La mesure de l'impact signifie la mesure des changements survenus dans la vie des personnes (résultats) et résultant d'un projet humanitaire, en ayant un équilibre entre les données qualitatives et les données quantitatives. Le personnel d'un projet humanitaire devrait au minimum :

1. Etablir une description sommaire (profil) des personnes affectées ainsi que des autres communautés apparentées.

2. Identifier aussitôt que possible les changements désirés, en négociation avec les personnes affectées

3. Suivre tous les apports en ressources et les résultats par rapport aux changements désirés.

4. Collecter et documenter les perspectives individuelles et communautaires à l'aide de méthodes participatives, afin :
   - d'augmenter la compréhension des changements désirés par les individus et les communautés
   - d'aider à établir des données de référence et suivre les changements

5. Expliquer la méthodologie et ses limites à toutes les parties prenantes, de façon honnête, transparente et objective.

6. Utiliser les informations collectées pour améliorer les projets de façon régulière et proactive.

Qu'est-ce que...?

La mesure de l'impact

Dans *Le Guide suffisamment bon*, la « mesure de l'impact » signifie la mesure des changements intervenus comme conséquence d'un projet de secours d'urgence. Il n'est pas toujours facile de le faire lors d'une intervention de secours d'urgence. Mais, dans sa plus simple expression, la mesure de l'impact signifie demander aux personnes affectées, « *Quelle différence faisons-nous ?* ». Leur opinion sur le projet et son impact est plus importante que celle de n'importe qui d'autre. C'est pourquoi les processus de redevabilité, qui visent à s'assurer que ces personnes ont leur mot à dire sur les étapes clés de l'intervention de secours d'urgence, sont essentiels.

La redevabilité

La « redevabilité » signifie tout simplement qu'une organisation équilibre les besoins des différents groupes lors de ses prises de décision et de ses activités. La plupart des ONG ont des processus en place qui font face aux exigences de redevabilité de groupes plus puissants tels que les bailleurs de fonds des projets ou les gouvernements hôtes. Dans *Le Guide suffisamment bon*, toutefois, la redevabilité signifie qu'on s'assure également que les femmes, les hommes et les enfants affectés par l'urgence sont impliqués dans la planification, la mise en œuvre et le jugement de notre réponse à leur situation d'urgence. Ceci aide à s'assurer qu'un projet aura l'impact qu'ils veulent voir se réaliser.

Un bénéficiaire

Les termes « personnes éprouvées par les situations d'urgence » et « bénéficiaires » tels qu'utilisés dans *Le Guide suffisamment bon* comprennent tous les membres de ces groupes quel que soit leur âge, handicap, groupe ethnique, genre, statut sérologique, religion, orientation sexuelle ou classe sociale, sauf mention contraire.

L'approche « suffisamment bonne »

Dans ce *Guide*, « suffisamment bonne » signifie choisir une solution simple plutôt qu'une solution sophistiquée.

« Suffisamment bonne » *ne signifie pas* un pis-aller : cela signifie reconnaître que, dans une intervention de secours d'urgence, l'adoption d'une approche rapide et simple de la mesure de l'impact et de la redevabilité peut être la seule possibilité pratique. Lorsque la situation change, on devrait viser à revoir les solutions choisies et modifier son approche en conséquence.

Pourquoi et comment utiliser *Le Guide suffisamment bon*

Souvent, les questions qui aident à identifier ce qui marche et ce qui ne marche pas ne sont pas posées au cours d'une intervention en situation de secours d'urgence. Elles sont plutôt laissées aux évaluateurs. Par conséquent, les informations qui pourraient nous renseigner sur une prise de décision et sauver des vies ne sont découvertes *qu'après* la crise.

Une façon de découvrir la différence ou l'impact qu'un projet apporte consiste à poser des questions aux femmes, aux hommes et aux enfants impliqués dans cette situation de secours d'urgence. Pendant des années, les ONG leur ont promis d'être redevables à leur égard, de rechercher leurs opinions et de les mettre au cœur de la planification, de la mise en œuvre et du jugement de notre réponse à leur situation d'urgence.

En pratique, c'est une promesse qui s'est avérée difficile à tenir. Une conjonction de facteurs comprenant le manque de savoir-faire, de temps ou de personnel et la situation elle-même font trop souvent de la mesure de l'impact et de la redevabilité des zones interdites durant la réponse à la situation d'urgence.

En février 2006, des membres du personnel de terrain de sept ONG internationales ont participé à un atelier à Nairobi. Ils ont examiné soigneusement la réalité qui consiste à mettre en pratique sur le terrain la mesure de l'impact et la redevabilité lors d'une situation de secours d'urgence. Ils se sont entendus sur certaines des idées fondamentales ou « éléments de base », indiqués aux pages 13. Ce livre, les outils ainsi que l'approche « suffisamment bonne » en sont issus.

Le Guide suffisamment bon est destiné aux cadres et directeurs de projets. Il vise à les aider à faire de la mesure de l'impact et de la redevabilité une partie intégrante de leur travail. Il s'inspire du travail des ONG internationales et des initiatives inter organisations, comprenant Sphère, ALNAP, HAP et People In Aid. Voir page 55 pour toute information relative à ces initiatives.

Le *Guide* ne remplace pas les politiques de chacune des ONG ou les principes communs des initiatives inter organisations. Il n'est pas non plus ce qui existe de plus sophistiqué en matière de mesure de l'impact et de redevabilité. Mais, en partageant quelques approches simples et rapides, *Le Guide suffisamment bon* vise à aider le personnel de terrain à se poser deux questions et à utiliser les réponses pour aider dans le travail et les décisions à prendre :

Quelle différence faisons-nous?
Comment pouvons-nous impliquer dans la planification,
la mise en œuvre et le jugement de notre intervention,
les femmes, les hommes et les enfants affectés par l'urgence ?

Comment utiliser le Guide

On peut lire les Sections 1-5 du *Guide* séparément ou à la suite. Chaque section comprend des liens vers les outils suggérés concernant la mesure de l'impact et la redevabilité en situation d'urgence. Ces outils sont présentés dans la Section 6. Peu de ces outils sont nouveaux. Ils ont été adaptés du travail du Emergency Capacity Building Project (ECB), des organisations membres de « Humanitarian Accountability Partnership » et de documents standards. Ils ne représentent pas une liste exhaustive. Mais les outils ont été rassemblés parce que le personnel de terrain a rarement l'occasion de documenter ou de retrouver des outils de mesure de l'impact et de redevabilité au cours même d'une intervention d'urgence.

Rappelez-vous que les outils de l'approche « suffisamment bonne » ne sont pas des plans impératifs. Ils sont utilisés à titre *indicatif* plutôt que prescriptif. Chacun d'eux peut être utilisé séparément ou en combinaison avec d'autres outils. Utilisez votre bon sens, votre compétence et votre expérience pour décider si vous allez vous servir de ces outils ou les adapter.

Rappelez-vous que le personnel de terrain a encore besoin d'une formation, de conseils et d'appui appropriés.

L'approche « suffisamment bonne » ne signifie pas un pis-aller : cela signifie utiliser des solutions simples plutôt que des solutions sophistiquées. Un outil qui est « suffisamment bon » aujourd'hui peut et devrait être révisé demain, à la lumière des besoins, des ressources ou d'une situation de sécurité qui a changé.

Dernier argument et non le moindre, utiliser approche « suffisamment bonne » signifie choisir des outils sûrs, rapides et faciles à utiliser dans le contexte dans lequel vous travaillez. Les questions qui aident à tester si un outil est « suffisamment bon » comprennent:

- Peut-on utiliser cet outil sans mettre en danger le personnel de terrain et les personnes affectées par l'urgence ?

- Est-ce que cela satisfait les exigences essentielles du contexte et du moment ?

- Est-ce réaliste ?

- Disposons-nous des ressources en temps, en personnel, en volontaires et en argent pour l'utiliser ?

- Est-ce utile pour ceux qui l'appliquent ?

- Est-ce aussi simple que nécessaire ?
  S'est-on référé à des valeurs humanitaires, à des normes et à des lignes directrices largement acceptées ?

- Sera-t-il « suffisamment bon » demain ? Quand allons-nous revoir notre utilisation de cet outil ?

Section 1:
Impliquer les personnes à chaque étape

Pourquoi ?

Il est important d'impliquer autant de parties prenantes que possible dans un projet, y compris les bailleurs de fonds, les fonctionnaires de l'administration et les autres ONG. Mais les codes, les principes, les normes et la déclaration de mission humanitaires mettent l'accent sur le fait que les femmes, les hommes et les enfants affectés par l'urgence sont prioritaires. La redevabilité signifie leur fournir des informations opportunes et adéquates sur l'organisation et les activités qu'elle se propose de réaliser. Cela signifie qu'il faut s'assurer qu'ils aient la possibilité d'exprimer leurs opinions, d'influencer la conception du projet, de s'exprimer sur les résultats qu'ils veulent voir et de juger les résultats du projet. Les évaluations disent qu'impliquer les personnes améliore l'impact du projet. Selon les humanitaires, la redevabilité est aussi un droit et une valeur fondamentaux.

Quand ?

Les ONG internationales supposent parfois que chacun sait qui elles sont et ce qu'elles font. Ceci est parfois erroné. Commencez par fournir des informations générales sur votre organisation aussitôt que la situation et les conditions de sécurité le permettent. De même, visez à fournir le plus souvent possible des informations sur les plans du projet et les droits des femmes, des hommes et des enfants affectés par l'urgence (y compris leur droit à l'assistance et la redevabilité). Fournissez des informations à chaque étape du projet jusqu'à ce que vous finissiez votre stratégie de sortie.

Comment?

Utilisez tous les moyens locaux disponibles, y compris les panneaux d'affichage, les réunions, les journaux et les émissions radio, pour fournir dans les langues locales des informations publiques et sur le projet. Assurez-vous que le personnel, en particulier le nouveau personnel, est informé sur votre organisation et votre travail (**Outil 1**). Vérifiez la façon dont les informations parviennent aux femmes autant qu'aux hommes au cours des évaluations initiales des besoins et du suivi. Vérifiez que les femmes, les enfants et les autres personnes affectées par l'urgence ne soient pas exclus. Testez votre redevabilité à l'aide de **l'Outil 2.**

Utilisez l'approche « suffisamment bonne » et vos connaissances de la situation locale, des ressources et de la sécurité pour vous aider à vous décider sur les autres outils à utiliser. Les sections 25 donnent des suggestions complémentaires sur la façon d'impliquer les personnes pendant toute la durée de l'intervention.

Outils proposés

Outil 1 Comment présenter votre organisation : une liste de contrôle utile **p 30**

Outil 2 Quel est votre degré de redevabilité? Vérification des informations destinées au public **p 32**

Outil 3 Comment impliquer les personnes tout au long du projet **p 34**

Outil 4 Comment prendre congé **p 53**

Impliquer les personnes et fournir des informations au Sri Lanka

A Ampara, aussitôt après le tsunami de 2004 en Asie, nous avons créé un comité de programme. Nous avons organisé une grande réunion publique et demandé aux populations d'identifier 15 volontaires pour appuyer le travail. Nous avons effectué les analyses avec ces volontaires.

Par mesure de transparence, nous avons affiché la liste des bénéficiaires sur un panneau d'affichage avec les critères utilisés pour les choisir. Nous avons accordé une semaine à la communauté pour consulter la liste et nous faire parvenir ses doléances. A Batticaloa, nous avons fait la même chose. Nous avons présenté un prospectus de 4 pages sur notre travail de façon à ce que les populations nous connaissent.

Source: Cherian Mathew, Oxfam GB Sri Lanka

Section 2:
Etablir le profil des personnes affectées par l'urgence

Pourquoi ?

Faites un profil de la population pour vous aider à déterminer quelles sont les personnes qui ont le plus besoin de votre assistance. Les femmes et les hommes seront affectés de façon différente par l'urgence. Certaines personnes seront exposées à un risque plus élevé que d'autres, à cause de leur âge, leur handicap, leur origine ethnique, leur statut social ou leur religion.

Des informations de base sur la population sont nécessaires pour vous aider à commencer à prendre des décisions sur votre intervention. Les organisations qui interviennent sans évaluer qui est affecté et de quelle façon risquent d'offrir une assistance inutile, inappropriée ou qui ne permet pas d'atteindre les personnes les plus vulnérables.

Quand?

Les organisations humanitaires doivent agir rapidement lorsque des vies sont en danger immédiat. N'attendez pas d'avoir des informations parfaites sur les personnes affectées. Mais commencez à établir le profil des personnes affectées le plus tôt possible au cours de la phase d'évaluation des besoins. Continuez à mettre à jour vos informations et à les compléter au fur et à mesure que la situation évolue et lorsque vous disposez de davantage de renseignements.

Comment?

Toutes les urgences sont différentes. Les catastrophes qui commencent lentement peuvent vous permettre de disposer de plus de temps pour procéder à l'évaluation initiale. Mais dans le cas d'un conflit ou d'une urgence à démarrage brusque, la collecte des informations peut s'avérer difficile et dangereuse pour le personnel de terrain et les bénéficiaires. Aussi, il est très important pour le personnel de savoir quelles sont les informations secondaires déjà disponibles. Les informations secondaires peuvent provenir de:

- Votre personnel de terrain local
- Des dossiers de votre organisation
- D'une autre organisation telle que le gouvernement, les Nations unies, une ONG internationale ou locale

Le Gouvernement et les organisations des Nations Unies, par exemple, sont susceptibles de détenir des données statistiques sur la région affectée par l'urgence.

Néanmoins, dans la plupart des urgences, on peut impliquer au moins certains bénéficiaires directement avant le début de l'intervention. On peut renouveler l'établissement du profil lorsqu'on dispose de plus de temps et que l'accès est rendu plus facile.

Les équipes d'évaluation initiale devraient comprendre des femmes et des hommes : une équipe constituée uniquement d'hommes aura des difficultés à évaluer la vulnérabilité des femmes. L'équipe devrait parler aux femmes aussi bien qu'aux hommes et évaluer les besoins des autres groupes faisant face à des risques supplémentaires tels que les enfants (**Outil 8**). Le personnel devrait essayer de vérifier par recoupement les informations qu'il reçoit chaque fois que cela est possible, afin de tester leur exactitude.

Visez à coordonner l'assistance avec les ONG locales et internationales là où cela est possible : menez des évaluations conjointes, capitalisez sur les ressources locales, partagez les informations et les décisions, et/ou identifiez les disparités.

Outils proposés

**L'implication des personnes affectées
par une urgence avant le début de l'intervention humanitaire**.

Lors des crises soudaines, il est impératif d'agir rapidement.Mais il est toujours possible de parler à certaines personnes affectées. Compte tenu des contraintes de temps, seules quelques entretiens seront possibles, raison pour laquelle il faut soigneusement choisir les personnes à rencontrer.

La première étape consiste à identifier les régions les plus affectées, à l'aide d'informations secondaires et d'informateurs clés. Deuxièmement, les groupes les plus vulnérables sont choisis au moyen d'une consultation rapide et sur le terrain avec des parties prenantes différentes. Finalement, on utilise un échantillonnage aléatoire pour choisir les informateurs individuels et les informateurs de groupe.

Chacune de ces trois étapes peut s'effectuer en moins d'une heure, bien qu'avec plus de temps la précision du processus pourra être améliorée.

Les organisations ne devraient pas retarder le déploiement initial des ressources jusqu'à ce qu'elles reçoivent des informations fiables. Mais elles devraient ajuster les activités à mesure que la qualité de l'information s'améliore. L'évaluation et la mise en œuvre doivent être menées en parallèle.

Source : IFRC (2005) *World Disasters Report 2005*.

Section 3 :
Identifier les changements que les personnes veulent voir

Pourquoi?

Les personnes affectées par une urgence sont les meilleurs défenseurs de leurs propres intérêts. Les changements qu'ils veulent voir sont des indicateurs importants de la différence qu'un projet est susceptible de faire ainsi que de l'impact qu'il aura. Lorsque les bénéficiaires ont la possibilité d'identifier ces changements et de contribuer à la prise de décision, l'impact du projet sera probablement plus important. Inversement, lorsque les personnes ne sont pas impliquées, une intervention peut rater son objectif, exclure des groupes vulnérables, gaspiller de l'argent et augmenter la souffrance. Les personnes impliquées dans la conception d'un projet sont plus à même de se l'approprier et d'en assumer la responsabilité. Ceci est particulièrement important lorsque des ONG fournissent du matériel qui exige un entretien à long terme de la part de la communauté, par exemple des pompes hydrauliques et des latrines.

Quand?

La pression en provenance des media, des bailleurs de fonds et des gouvernements peut être accablante au début d'une intervention. Elle peut pousser les organisations à faire des promesses et des engagements qu'elles peuvent être incapables de tenir. Mais, aussitôt que possible, posez des questions aux personnes éprouvées sur la façon dont *elles* ressentent la situation et ce qu'*elles* veulent voir se produire comme résultat du projet. Il s'agit de leur domicile, de leur famille et de leur monde qui a été mis sens dessus dessous.

Une consultation ne signifie pas une réunion unique qui ne se produit qu'après que toutes les décisions aient été faites par d'autres. Cela signifie communiquer en temps opportun et fournir des informations pertinentes pour aider les personnes à prendre des décisions, à négocier tout au long du cycle du projet et être ouvert et réaliste sur ce que votre organisation peut ou ne peut pas faire.

Comment?

Autant que possible, utilisez plus d'une méthode de consultation, par exemple une réunion de village (**Outil 3**) plus un groupe témoin (**Outil 6**), afin d'atteindre des personnes différentes. Organisez des séances de discussion séparées pour savoir ce que souhaitent des groupes particuliers au sein de la communauté. Ne supposez jamais que les autorités traditionnelles parlent au nom des femmes, des enfants, des personnes âgées ou d'autres groupes potentiellement vulnérables ou marginalisés.

Utilisez des consultations avant de commencer à formuler des indicateurs quantitatifs et qualitatifs qui sont importants pour la communauté (**Outil 10**). Gardez un rapport sommaire écrit de vos discussions, des besoins identifiés et des indicateurs fixés (même si les bailleurs de fonds ne vous le demandent pas). Utilisez ces rapports pour vous aider à mesurer le changement et l'impact, documenter les importantes leçons apprises et fonder les décisions du personnel du projet et des autres activités du projet (**Outil 11**).

Outils proposés

Consulter le plus tôt possible les personnes sur ce qu'*elles* veulent voir

Après le tsunami de 2004, les gouvernements, les ONG et les fournisseurs privés ont agi rapidement pour commencer à fournir des maisons temporaires pour les familles sans abri. Mais ils rarement impliqué les familles affectées dans la planification des discussions. Dans les pires des cas, certaines maisons ont été mal conçues, se sont avérées insalubres et ont dû être démolies.

Dans un projet pilote au Sri Lanka, Oxfam a organisé des ateliers de planification avec des femmes et des hommes sans abri. Oxfam a utilisé des normes et des indicateurs mondiaux mis au point par le projet Sphère. Son personnel de terrain s'est également entendu sur les dimensions, la conception, les matériaux et la construction des maisons locales lors des discussions avec les familles affectées avant le début des travaux.

Source: Ivan Scott, Oxfam GB

Section 4 :
Suivre le changement et faire du feedback un processus à double sens

Pourquoi?

Faites un suivi des biens et services fournis pour savoir la façon dont les activités du projet se déroulent. Mais invitez également les personnes affectées par l'urgence à vous donner du feedback, y compris par des plaintes, pour voir si le projet réalise les changements qu'elles veulent voir. Faites du feedback un processus à double sens. Faites des rapports aux bénéficiaires sur les progrès réalisés par rapport aux indicateurs et répondez également aux questions qu'ils posent.

Le suivi des changements et la constitution d'un feedback à double sens est indispensable pour :
- Prendre des décisions et procéder à des améliorations
- Identifier les lacunes, les nouveaux besoins, les problèmes possibles
- Donner au personnel l'appui et une réponse à leur travail
- S'assurer que l'argent est bien dépensé
- Tenir la communauté et les autres parties prenantes informées et impliquées
- Faire preuve de redevabilité

Le feedback peut être positif ou négatif, mais les plaintes signifient que les choses ont pu se passer d'une mauvaise façon. Il est nécessaire d'avoir un mécanisme de plainte pour mesurer l'impact, la redevabilité et l'apprentissage. Il est indispensable pour identifier toute corruption, abus ou exploitation.

Quand?

Le suivi, le feedback et les rapports aux personnes affectées par l'urgence devraient se dérouler le plus régulièrement possible pendant toute la durée du projet. Ceci est particulièrement important lorsque le mouvement du personnel de terrain est élevé : cela aide à maintenir la continuité et une compréhension commune de l'objet même du projet. Il convient de mettre en place un système de plainte et de réponse le plus tôt possible, dès le début du projet (**Outil 12**).

Comment?

Utilisez les dossiers du projet pour aider à préparer les questions qui suivent l'avancement et les changements par rapport aux indicateurs déjà fixés. S'il n'y a pas d'indicateurs fixés avec la communauté, utilisez le feedback comme opportunité pour le faire. Collectez et notez aussi bien les opinions individuelles que celles de la communauté sur le projet. Assurez-vous si possible que les différents groupes au sein de la communauté peuvent donner un feedback, en groupes séparés si nécessaire. Coordonnez avec d'autres ONG locales et internationales là où cela est possible, en partageant les informations ou en les invitant à participer à vos rencontres sur les leçons apprises (**Outil 11**).

Ne collectez pas plus d'informations que ce que vous ne pouvez analyser et utiliser. Faites le plus souvent possible des rapports aux comités et aux groupes affectés ainsi qu'aux autres parties prenantes importantes. Utilisez des photos, des films et des affichages, si possible, pour montrer les changements qui sont intervenus depuis le début du projet. Quel est l'état d'avancement par rapport aux indicateurs fixés ? Qu'apprenez-vous du feedback et des doléances ?

Si votre rapport se base sur des informations limitées, peut-être en provenance d'un seul village ou d'un seul groupe focal, soyez clair et expliquez pourquoi il en est ainsi. Y a-t-il des changements ou des retards intervenus dans le projet ? Expliquez les raisons. Après le rapport, donnez aux personnes l'occasion de prendre la parole.

Outils utilisés

Suivi du feedback des bénéficiaires au Darfour

Le personnel de Medair a demandé à 800 patients de dix cliniques de l'ouest du Darfour de lui donner du feedback sur les services rendus.

Après sa visite à la clinique, chaque patient mettait un badge de tête souriante ou de tête non souriante dans un des trois récipients. Le badge indiquait le niveau de satisfaction quant 1) au temps d'attente, 2) au comportement du personnel et 3) à la qualité de l'information sur les médicaments prescrits.

En comptant le nombre des badges de sourires et de froncements de sourcils, le personnel pouvait mesurer les niveaux de satisfaction et les convertir en pourcentages. Les pourcentages pouvaient servir d'indicateurs quantitatifs pour vérifier le changement des niveaux de satisfaction à l'avenir.

Source: Rebekka Meissner, Zachariah Ahmed Adam et Robert Schofield, Medair

Section 5:
Utiliser le feedback pour améliorer l'impact du projet

Pourquoi?

Le suivi, le feedback et les rapports aident les équipes de terrain à savoir ce qui va et ce qui ne va pas au cours du projet. Des erreurs peuvent avoir des conséquences graves pour les personnes affectées par l'urgence. Le partage des leçons et la prise de décision au cours du projet signifient qu'on peut répliquer la bonne pratique et qu'on peut rectifier le plus tôt possible la pratique qui ne marche pas.

Quand?

Analysez, résumez et introduisez les informations du suivi et du feedback des bénéficiaires le plus tôt possible lors des réunions de planification. Si les informations obtenues à la suite de ce processus ne sont pas utilisées, les collecter est une perte de temps et de ressources pour le personnel et les bénéficiaires.

Prenez des décisions urgentes avant les réunions prévues si nécessaire, par exemple si le suivi révèle un des points suivants: preuve d'une mauvaise qualité, risque encouru par le personnel ou les bénéficiaires ou allégations de corruption ou d'abus sexuel. Partagez le succès et le crédit à la fin du projet ou quand vous le transférez à la communauté.

Comment?

Utilisez les informations collectées grâce au feedback ou lors du suivi de l'état d'avancement par rapport aux indicateurs pour décider sur le projet et les changements. L'**Outil 12** et l'encadré de la page 27 sont des preuves de la façon don't les mécanismes de suivi et les plaintes peuvent permettre d'identifier les lacunes et d'améliorer l'impact du projet et sa couverture.

Pensez aux questions les plus fréquemment posées ou aux doléances reçues : peut-on inclure les réponses dans les listes de contrôle des choses à savoir destinées au personnel de terrain (**Outil 1**) ou sur les fiches d'information à l'intention des personnes éprouvées par l'urgence ?

Songez à inviter les bénéficiaires à la réunion sur les leçons apprises. Gardez un dossier écrit sur les discussions qui conduisent aux changements importants et les raisons pour lesquelles il y a eu ces changements. Partagez les rapports d'état d'avancement avec les bénéficiaires (**Outil 13**). N'oubliez pas de prendre congé à la fin du projet. Partagez la réussite, les leçons apprises et le crédit avec la communauté. Marquez la fin du projet avec une formalité appropriée, avec courtoisie et des célébrations (**Outil 14**).

Outils proposés

L'utilisation du feedback des enfants pour essayer d'améliorer l'impact

Le projet C-SAFE en Afrique australe comprend CARE, Catholic Relief Services, World Vision et Adventist Development & Relief Agency International (ADRA). Son exercice nommé « Ecouter les enfants » au Zimbabwe a été établi pour faire le suivi d'un programme de nutrition scolaire et comprendre l'insécurité alimentaire du point de vue des enfants. Le personnel de C-SAFE a utilisé des entretiens individuels et des groupes focaux. Cinq écoles ont été sélectionnées dans chaque district du Zimbabwe. Trois enfants de chaque classe ont été rencontrés chaque mois. Il y avait des groupes focaux différents pour les filles et garçons les plus âgés. 5000 enfants en tout ont été interrogés. Les résultats sont allés au-delà des indicateurs quantitatifs concernant les enfants (âge, taille, poids), aussi importants que ces derniers puissent être. C-SAFE a constaté que de nombreux camarades de classe des enfants rencontrés ne pouvaient pas payer le petit montant fixé par les écoles pour couvrir les coûts de la préparation des repas. Dans certains cas, les enfants se sont vus empêchés de manger le repas et dans d'autres cas on les a empêchés de fréquenter l'école.

Bien que ces frais soient nécessaires pour certaines écoles, l'analyse a démontré que ces frais faisaient plus de tort que de bien. Par conséquent, C-SAFE a consulté les responsables de l'administration locale et les directeurs d'école sur la façon de supprimer les frais ou en adoucir les exigences et, en même temps, a levé suffisamment de fonds supplémentaires au profit des écoles qui en avaient le plus besoin.

Source: Consortium for Southern Africa Food Security Emergency, septembre 2005

Section 6 :
Les outils

Liste des outils

L'utilisation des outils de l'approche « suffisamment bonne »

Rappelez-vous : l'usage de l'approche « suffisamment bonne » signifie choisir des outils qui sont essentiels, sûrs, rapides et faciles à utiliser dans la situation où vous travaillez. Les outils ne sont pas des plans fixes. Ils sont à titre indicatif et non prescriptif. Ce ne sont pas les seuls outils. Utilisez votre propre expérience et votre jugement pour décider si vous devez utiliser un outil particulier, quand l'utiliser et comment l'adapter au moment et au lieu où vous travaillez.

Les questions qui peuvent vous aider à vérifier si un outil est « suffisamment bon » comprennent :

- Peut-on utiliser cet outil sans mettre en danger le personnel de terrain et les personnes affectées par l'urgence ?

- Satisfait-il les exigences essentielles du contexte et du moment ?

- Est-ce réaliste ?

- Disposons-nous des ressources en temps, en personnel, en volontaires et en argent pour l'utiliser ?

- Est-ce utile pour les personnes qui l'appliquent ?

- Est-ce aussi simple que nécessaire ?

- Nous sommes-nous référés à des valeurs humanitaires, des normes et des directives largement acceptées ?

- Sera-t-il « suffisamment bon »demain ? Quand réviserons-nous notre utilisation de cet outil ?

Outil 1:

Comment présenter votre organisation : une liste de vérification de ce qu'il faut savoir

On peut utiliser cette liste de contrôle pour s'assurer que le personnel de terrain connaît les réponses aux questions que les bénéficiaires, les responsables du gouvernement et autres vont probablement poser. Vous pouvez l'utiliser au début du projet ou en même temps que l'Outil 11 pour donner des instructions au nouveau personnel.

Qui sommes-nous?

1. Qu'est-ce une ONG ?
2. Quel est notre mandat ?
3. Pourquoi notre organisation est-elle ici ?
4. D'où obtenons-nous l'argent ?

Notre objectif

5. Que pouvons-nous faire pour les populations affectées par l'urgence en relation avec :
   a) L'eau et l'assainissement
   b) L'abri
   c) Les moyens de subsistance
   d) La promotion de la santé publique
   e) Les autres types de projet
6. Pourquoi faisons-nous ceci plutôt que d'autres choses ?

Le projet et la communauté

7. Où se trouve notre projet ?
8. Qui en a décidé ?
9. Qui était impliqué dans la prise de décision sur les activités du projet ?
10. Quel est le plan d'ensemble du projet ?
11. Quelle sera sa durée ?
12. Qui sont les bénéficiaires ?
13. Pourquoi certaines personnes ont-elles été choisies plutôt que d'autres ?
14. Qui était impliqué dans la prise de décision du choix des bénéficiaires ?

15. Comment fonctionne le projet ? Comment les bénéficiaires sont-ils impliqués ?
16. Quelle sera la contribution des bénéficiaires ?
17. Que sera notre contribution ?
18. Combien va-nous coûter le matériel?
19. Quel est l'avancement de ce mois ? Quel est le plan du mois prochain ?
20. Quels sont les principaux défis qui se posent au personnel technique ce mois-ci ?
21. Que fait le personnel technique pour relever ces défis ?
22. Que vont recevoir les bénéficiaires exactement ?
23. Quand vont-ils le recevoir ?

Comment régler les problèmes ou les plaintes (voir également Outil 13)

24. Si quelque chose ne va pas dans le projet, que peut faire la population ?
25. S'il y a un problème avec un responsable communautaire ou membre de la communauté travaillant avec nous, que peut faire la population ?
26. S'il y a un problème avec un membre de notre personnel (corruption, fraude, mauvais comportement), que peuvent faire les personnes ?

Les autres organisations et le gouvernement

27. Quelles sont les autres ONG qui travaillent sur le site du projet ?
28. Que font-elles ?
29. Quelle est l'assistance gouvernementale disponible ? Comment la population y a-t-elle accès ?
30. Quels autres problèmes les populations rencontrent-elles? (par exemple, le fait d'être déplacé, de n'avoir pas accès à la terre, de ne pas pouvoir rencontrer les responsables du gouvernement pour résoudre des problèmes.)

Extrait de T. Gorgonio et A. Miller (2005) « Need To Know List », Oxfam GB (interne, adapté).

Outil 2:

Quel est votre niveau de redevabilité ?
Vérification des informations destinées au public

Cet outil peut vous aider à vérifier si vous fournissez aux personnes affectées par l'urgence les informations de base sur votre organisation et le projet. En demandant aux personnes quelles informations elles ont reçues, on peut vérifier comment elles vous perçoivent et si vous leur fournissez les informations dont elles ont besoin au bon moment et de la bonne manière.

On peut utiliser cet outil à différentes étapes du projet : au début, pour vous aider à expliquer qui vous êtes et ce que votre organisation peut faire (voir également **Outil 1**) ; à la suite d'importants changements, par exemple si le niveau de ration alimentaire est diminué ; et à la fin du projet dans le cadre de votre stratégie de sortie.

A l'intention des membres de l'équipe de terrain

Avez-vous fourni les informations de la liste de contrôle (page en face) aux bénéficiaires et à leurs représentants de façon accessible ?

A l'intention des personnes éprouvées par une urgence

Avez-vous reçu du personnel du projet les informations de la liste de contrôle (page en face) ?

Liste de contrôle

Information de base	Oui	Non
1 Les informations générales sur l'ONG		
2 Les détails sur le projet actuel		
3 Les coordonnées du personnel du projet		
Rapports sur la mise en œuvre du projet		
4 Rapports périodiques sur la performance du projet		
5 Rapports financiers périodiques		
6 Informations sur les changements significatifs du projet		
Opportunités d'engagement		
7 Dates et lieux d'événements clés de participation		
8 Détails sur un contact spécifique pour faire des commentaires ou des suggestions		
9 Détails sur la façon de présenter des doléances quant aux activités de l'ONG		

Extrait de A. Jacobs (2005) « Accountability to Beneficiaries: A Practical Checklist »,
projet, Mango for Oxfam GB (adapté).

Outil 3:

Comment impliquer les personnes tout au long du projet

Cet outil propose des façons d'informer, de consulter, d'impliquer et de faire des rapports aux personnes affectées par une urgence à chaque étape du projet. A l'origine, il a été mis au point pour être utilisé par les villageois d'Aceh. On peut également l'adapter à d'autres sites.

Avant l'évaluation initiale
- Déterminez et énoncez clairement les objectifs de l'évaluation
- Si vous le pouvez, informez la communauté locale et les autorités locales longtemps avant que l'évaluation n'ait lieu
- Incluez des hommes et des femmes dans l'équipe du projet
- Faites une liste des groupes vulnérables à identifier au cours de l'évaluation
- Vérifiez ce que les autres ONG ont fait dans cette communauté et tâchez d'obtenir une copie de leurs rapports

Durant l'évaluation
- Présentez les membres de l'équipe et leurs rôles
- Expliquez le calendrier de l'évaluation
- Invitez les représentants locaux de la population à y participer
- Permettez aux individus et aux groupes de s'exprimer ouvertement
- Organisez des discussions et des entretiens séparés avec des groupes différents, par exemple les responsables locaux, les groupes communautaires, les hommes, les femmes, le personnel local
- Demandez à ces groupes leurs opinions sur les besoins et les priorités. Informez-les sur toutes les décisions prises.
  <u>NB</u> : s'il n'est pas possible de consulter tous les groupes communautaires à la fois, énoncez clairement les groupes qui ont été omis à cette occasion et retournez les rencontrer dès que possible. Rédigez les résultats et décrivez la méthodologie ainsi que ses limites. Utilisez l'analyse pour la prise de décision à venir.

Durant la conception du projet
- Remettez les résultats de l'évaluation aux autorités locales et communautaires, y compris le comité villageois et les représentants des groupes affectés.

- Invitez les représentants locaux à participer à la conception du projet
- Expliquez aux personnes leurs droits en tant que personnes affectées
- Permettez au comité villageois de prendre part aux discussions budgétaires du projet
- Vérifiez la conception du projet avec les différents groupes de bénéficiaires
- Mettez au point un mécanisme de doléances et de réponse

Durant la mise en œuvre du projet

- Invitez la communauté villageoise, le comité villageois et les autorités locales à participer à la fixation des critères de sélection des bénéficiaires
- Annoncez les critères et affichez-les dans un lieu public
- Invitez la communauté locale et le comité villageois à participer à la sélection des bénéficiaires
- Publiez la liste des bénéficiaires et affichez-la dans un lieu public
- Publiez les doléances et les mécanismes de réponse et le forum dans lequel les bénéficiaires peuvent partager leurs plaintes

Durant la distribution

- Lors du recrutement du personnel complémentaire pour la distribution, annoncez ce dernier ouvertement, par exemple dans un journal
- Formez un comité de distribution comprenant le comité villageois, les responsables gouvernementaux et le personnel de l'ONG
- Considérez la façon dont la distribution va comprendre les plus vulnérables, tels que les personnes handicapées, les personnes âgées et les autres personnes pauvres ou les groupes marginalisés
- Donnez en avance aux autorités locales et à la communauté locale une date et un lieu pour la distribution lorsque la sécurité le permet
- Faites une liste des vivres à distribuer ainsi que leur coût et affichez cette liste en avance dans un lieu public
- Pour pouvoir inclure les personnes habitant loin du village ou du point de distribution, envisagez de leur payer des frais de transport
- Pour pouvoir inclure les personnes vulnérables, par exemple les femmes enceintes, débutez la distribution par celles-ci
- Assurez-vous que les personnes savent comment faire connaître leurs doléances

Durant le suivi

- Invitez le comité de village à assister au processus de suivi
- Partagez les résultats avec le comité et la communauté villageoise.

Extrait de S. Phoeuk (2005) « Practical Guidelines on Humanitarian Accountability », Oxfam GB Cambodge (interne, adaptation).

Outil 4 :

Comment établir le profil de la communauté affectée et évaluer les besoins initiaux

Cet outil peut aider à établir le profil d'une communauté affectée. Il peut être utilisé en conjonction avec l'**Outil 5** et l'**Outil 6** et répété à mesure que la situation change

Questions proposées

1. Quel est le contexte du/des groupe(s) affecté(s) ?
   Sont-ils d'origine urbaine ou rurale ?

2. Quel est le nombre approximatif de personnes affectées et leurs caractéristiques démographiques ? (inclure une répartition de la population selon le sexe et les enfants de moins de 5 ans. Inclure les 5 à 14 ans d'âge, les femmes enceintes et allaitantes et les personnes âgées de plus de 60 ans, si les données sont disponibles.)

3. Qui sont les personnes marginalisées/séparées au sein de ce groupe de population (par exemple, les femmes-chefs de ménage, les enfants non accompagnés, les personnes handicapées, les malades, les personnes âgées, les minorités ethniques, etc.). Ont-elles des besoins spécifiques ? Comment sont-elles affectées par la crise actuelle ?

4. Y a-t-il des groupes familiaux, ethniques, religieux particuliers ou autres parmi les personnes affectées ? Y a-t-il des groupes particulièrement difficiles d'accès ?

5. Quelles sont les personnes clés à contacter/consulter ? Y a-t-il des membres de la communauté ou des personnes plus âgées qui dirigent les personnes affectées par la catastrophe ? Y-a-t-il des organisations ayant une expertise locale (par exemple, églises, mosquées ou ONG locales) qui peuvent prendre part à la prise de décision ?

6. Quels sont les plus grands risques, en termes de santé et de protection contre la violence, que rencontrent les divers groupes affectés par l'urgence et quel est l'organisme qui s'en occupe?

Comment les femmes ont-elles été affectées ? Ont-elles des besoins spécifiques ?

« Au cours des premières étapes à Gujarat, nos équipes de distribution étaient presque exclusivement masculines. Les lignes directrices de SPHERE nous ont incité à envoyer une équipe d'enquête entièrement composée de femmes pour parler aux femmes dans les communautés victimes du tremblement de terre. Nous avons ainsi conçu une trousse d'hygiène pour les femmes et reçu un financement pour 23.000 trousses.

Les opérations de secours d'urgence au Sri Lanka n'étaient pas sensibles au genre. Peu d'organisations avaient envisagé de satisfaire les besoins sanitaires, sous-vêtements ou habits culturellement appropriés. Les besoins des femmes enceintes ou des mères allaitantes n'ont pas été suffisamment pris en compte. »

Source : Srodecki (2001) ; IFRC (2005)

De Oxfam (pas de date) « Données. Liste de contrôle pour des évaluations rapides en cas d'urgence » (adapté) ; IFRC (2000) « Manuel de formation sur la préparation aux catastrophes » (adapté) ; IFRC (2005) « Rapport mondial sur les catastrophes » 2005 (adapté) ; J.Srodecki (2001) « Utilisation des normes SPHERE par Worldvision dans un cas d'urgence à grande échelle : une étude de cas de l'intervention de Gujarat au printemps 2001 », Worldvision, adapté).

Outil 5 :

Comment mener un entretien individuel

Des entretiens individuels peuvent être utilisés au cours des évaluations ou des enquêtes. Un entretien individuel peut être une conversation de dix minutes au cours d'une visite informelle ou une discussion plus longue et plus structurée, en utilisant une série de questions sur un thème particulier. Quel que soit le cas, mettez l'accent sur les informations essentielles et construisez l'entretien autour de préoccupations actuelles, par exemple, l'établissement d'un profil et l'évaluation des besoins, le suivi des changements ou la recherche de feedback.

Cherchez à rencontrer les personnes à des moments qui sont sûrs et convenables à la fois pour le personnel et les personnes rencontrées. Le temps dont dispose la personne rencontrée devrait déterminer la durée de l'entretien. Assurez-vous que les personnes comprennent pourquoi vous souhaitez leur parler et ce que vous ferez de l'information qu'elles vous donnent. Lorsque vous utilisez les informations, n'employez jamais les noms des personnes sans leur permission expresse ou celle de leur tuteur.

Commencez avec des questions factuelles auxquelles on peut relativement répondre directement. Continuez sur des questions plus sensibles, si nécessaire, seulement si la personne que vous rencontrez est plus à l'aise.

Assurez-vous que les personnes savent que vous appréciez leur temps et leur participation. Ne terminez pas l'entretien trop brutalement. Prenez la responsabilité de l'effet sur la personne rencontrée si des questions sensibles sont discutées.

Enregistrez, stockez et utilisez les informations de manière sûre.

Quelques exemples de ce qu'il faut faire lors des entretiens

- Assurez-vous que vous avez un bon traducteur
- Localisez en premier lieu les anciens/leaders, expliquez qui vous êtes et ce que vous êtes en train de faire et demandez la permission de mener l'entretien.
- Demandez la permission aux individus avant de les interroger, par exemple, « est-ce correct si je vous pose quelques questions sur la situation ici ? ». Remerciez-les par la suite.
- Essayez de privilégier les discussions avec les femmes et les enfants et d'autres personnes susceptibles de rencontrer des difficultés particulières.
- Essayez d'interroger au moins trois familles dans chaque localité afin de vérifier par recoupement les informations que vous recevez.
- Assurez-vous d'inclure des personnes vivant au bord d'un camp ou d'un site où vous pouvez trouver les familles les plus pauvres vivant - presque littéralement - en marge de la société
- Évitez si possible les grandes foules qui vous suivent, cela peut intimider les personnes rencontrées et la personne menant l'entretien.

Source : Scholfield (2003)

D'après S.Burns et S.Cupit (2003) « Gérer les résultats : un guide pour les organisations des sans-abri », Charity Evaluation Services (adapté) ; R.Schofield, Medair (interne, adapté)

Outil 6 :

Comment diriger un groupe témoin

Si possible, conduisez quelques groupes témoins et comparez les informations que vous en collectez avec d'autres sources.

Qu'est-ce qu'un groupe témoin?

Six à douze personnes sont invitées à discuter en détail sur des thèmes spécifiques.

Le groupe témoin peut regrouper des personnes qui ont quelque chose en commun. Il se peut qu'elles aient en commun un problème ou soient incapables de prendre la parole dans de plus grandes réunions (par exemple, les jeunes, les femmes ou les groupes minoritaires), ou que ce soient des personnes impliquées superficiellement dans la communauté, tels que les nomades. Mieux vaut ne pas avoir des leaders ou des autorités présentes rencontrez-les séparément.

Pourquoi seulement six à douze personnes?

Dans un groupe plus large :

- Le temps de parole sera restreint et les personnes dominantes parleront plus
- Le modérateur aura plus à jouer un rôle de contrôle
- Certains membres du groupe seront frustrés s'ils ne peuvent pas s'exprimer
- Les participants vont commencer à se parler en bilatéral au lieu de parler à tout le groupe
- Il se peut que le groupe arrête de se focaliser sur un point et commence à parler de quelque chose d'autre

De quoi avez-vous besoin?

- D'un facilitateur expérimenté : un locuteur natif qui peut diriger ; encourager les personnes qui ne parlent pas et empêcher d'autres de trop parler.
- De temps pour préparer des questions ouvertes et sélectionner les membres des groupes témoins

- D'une ou parfois deux personnes pour noter par écrit ce qui est dit
- D'une langue commune
- D'un endroit calme où le groupe ne sera pas entendu ou interrompu
- De vous asseoir en cercle et d'être à l'aise
- D'une compréhension commune et d'un accord sur la discussion proposée
- De règles de base, par exemple : chacun a droit à la parole et personne ne détient la vraie réponse ; veuillez ne pas interrompre
- De la permission du groupe de prendre des notes (ou peut-être d'utiliser un magnétophone)
- D'environ une heure à une heure et demie et de rafraîchissements

Qu'est-ce qui se passe?

- Le facilitateur s'assure que chacun a eu une chance de s'exprimer et que la discussion reste centrée
- Le preneur de notes écrit les notes
- A la fin de la session, le facilitateur donne un bref résumé de ce qui a été dit au cas où quelqu'un a quelque chose à ajouter
- Le facilitateur vérifie que le procès-verbal établi a pris en compte les principaux points et reflété le niveau d'implication des participants dans la discussion.

D'après V.M Walden (pas de date) « Discussion en groupe témoin », Oxfam (interne, adapté) ; L. Cosling et M. Edwards (2003) « Trousses à outils : planification, suivi, évaluation pratiques et mesure de l'impact », Save the Children (adapté) ; Performance Monitoring and Evaluation TIPS No. 10, USAID, Centre for Development Information and Evaluation (adapté).

Outil 7 :
Comment décider s'il faut faire une enquête

On peut utiliser les enquêtes pour collecter des informations auprès d'un grand nombre de personnes avant, pendant, ou après un projet. Les enquêtes sont des outils utiles mais peuvent être complexes et nécessiter des ressources importantes dans la pratique. Avant de décider si vous êtes prêts à conduire une enquête, pensez à certains des avantages et inconvénients.

Enquêtes : quelques avantages et inconvénients

Avantages	Inconvénients
Une enquête peut fournir des informations spécifiques sur beaucoup de personnes en peu de temps	On ne peut passer que peu de temps avec chaque personne ainsi l'information que vous recevez sur elle peut être limitée Vous aurez aussi besoin de temps pour analyser et utiliser toutes les informations collectées
Les informations provenant de certaines personnes peuvent être utilisées pour faire des projets pour toute la population	Il se peut que les personnes sélectionnées soient faciles à atteindre et qu'elles veuillent coopérer mais qu'elles ne soient pas nécessairement représentatives de la population.
Les méthodes et les formes utilisées pour collecter l'information doivent être standardisées pour que les résultats soient comparés de façon fiable (par exemple, voir **Outil 8**)	Ces méthodes peuvent conduire à des informations superficielles. Il se peut que les personnes rencontrées donnent des réponses qu'elles pensent être celles que vous voulez entendre
Une enquête requiert un examen minutieux préalable afin de déterminer quelle information obtenir, de qui, comment et quand.	Il se peut que le temps fasse défaut. Si la façon de vivre des personnes n'est pas entièrement comprise alors l'information qu'ils donnent peut être trompeuse.
Une grande partie des informations peut être obtenue à bon marché si on utilise du personnel non rémunéré ou volontaire	Une enquête à grande échelle est souvent difficile à superviser à cause des coûts du personnel et des distances à couvrir

D'après « Partners in Evaluation: Evaluating Development and Community Programmes with Participants », © Marie-Thérèse Feuerstein 1986. Reproduit avec l'autorisation de Macmillan Publishers Ltd.

Outil 8 :
Comment évaluer les besoins de protection des enfants

On peut utiliser cette liste de contrôle de base dans les différents domaines où vous travaillez ou envisagez de travailler. Il peut être davantage adapté pour évaluer les besoins de protection pour les autres groupes vulnérables. Voir pages 59-62 pour d'autres ressources et listes de contrôle.

1. Y a-t-il des cas rapportés d'enfants :
   - Tués dans une catastrophe
   - Blessés
   - Disparus ?

2. Y a-t-il des groupes d'enfants qui n'ont pas accès :
   - A la nourriture
   - A l'eau
   - A l'abri
   - Aux soins de santé
   - A l'éducation ?

3. Ces cas ont-ils été rapportés ? A quelle organisation ?

4. Y a-t-il des cas rapportés :
   - D'enfants séparés
   - De familles avec des enfants disparus
   - D'enfants envoyés en lieux sûrs ?

5. Est-ce que des familles ont généralement quitté en tant que groupe ?

6. Existe-t-il des groupes d'enfants vivant ensemble sans adultes ? Y a-t-il parmi eux des enfants âgés de moins de cinq ans ?

7. Y a-t-il des adultes, pris individuellement, qui ont assumé la responsabilité d'un grand groupe d'enfants ?

8. Faites la liste de toutes les organisations prenant en charge les enfants séparés

9. Y a-t-il d'autres préoccupations sérieuses de protection et de prise en charge pour les jeunes filles n'ayant pas encore été identifiées ci-dessus ?

10. Y a-t-il d'autres préoccupations sérieuses de protection et de prise en charge pour les garçons n'ayant pas encore été identifiés ci-dessus ?

11. Quelles sont les organisations de la zone qui travaillent sur les questions de protection des enfants ?

D'après World Vision (pas de date) « Rapid child protection assessment form in situations of natural disasters », (interne, adapté).

Outil 9 :
Comment observer

Dans certaines situations, l'observation informelle peut être tout ce que vous puissiez faire et « suffisamment bon » en faisant une évaluation ou en suivant les changements.

« Je regarde pour voir si les personnes emménagent dans les maisons. Je demande s'ils se sentent en sécurité. Est-ce qu'ils sourient ? Est-ce qu'ils sont heureux ? Je regarde pour voir si les enfants retournent à l'école. » (John Watt)

Observer les personnes :
Quelques conseils et problèmes possibles

Conseils	Problèmes probables
Expliquez pourquoi vous voulez observer les personnes sur le site et comment les informations que vous collectez seront utilisées. Demandez la permission aux personnes qui y vivent	Observer les personnes peut affecter leur comportement normal et leurs routines.
Invitez les personnes qui y vivent à observer le site avec vous.	Si un observateur connaît bien les personnes observées, il sera difficile pour lui d'être impartial.
Donnez une brève formation et un soutien aux observateurs. Mettez-vous d'accord sur les informations que vous voulez collecter à travers l'observation.	Impliquer beaucoup d'observateurs peut avoir comme conséquence beaucoup d'opinions et interprétations différentes.
Comparez ensuite les notes et les observations dès que vous le pouvez. Consignez-vos résultats par écrit ainsi que vos conclusions et utilisez-les.	Les résultats qui ne sont pas enregistrés immédiatement seront moins fiables

D'après « Partners in Evaluation: Evaluating Development and Community Programmes with Participants », © Marie-Thérèse Feuerstein 1986. Reproduit avec l'autorisation de Macmillan Publishers Ltd.

Outil 10 :

Comment commencer à utiliser des indicateurs

Il se peut que votre organisation ait sa propre approche des indicateurs. Sinon cette introduction peut vous aider à commencer à développer des indicateurs « suffisamment bons » avec les personnes affectées par une urgence.

Les indicateurs sont des chiffres ou des énoncés qui permettent de mesurer, de simplifier et de communiquer les changements et l'impact.

Les indicateurs quantitatifs utilisent des chiffres, les indicateurs qualitatifs utilisent des mots ou images. Les deux types d'indicateurs sont nécessaires. Par exemple, un indicateur quantitatif peut vous dire le nombre d'enfants recevant des rations : un indicateur qualitatif peut vous indiquer leur degré de satisfaction quant à la nourriture.

Utilisez l'approche « suffisamment bonne » en pensant aux indicateurs :
- Cherchez à savoir si le projet a déjà des indicateurs
- N'en élaborez pas trop de nouveaux : utilisez-en aussi peu que possible
- Essayez d'avoir un équilibre entre les indicateurs quantitatifs et qualitatifs
- Collectez uniquement les informations dont vous avez le plus besoin
- Vérifiez qu'un indicateur préféré va vraiment mesurer le changement souhaité
- Après avoir utilisé vos indicateurs pour observer les changements, analysez et utilisez cette information dans la prise de décision

Les indicateurs Sphère

L'approche « suffisamment bonne » reconnaît le besoin de se référer aux normes largement acceptées. Sphère donne les indicateurs les plus connus de l'impact humanitaire. Ils créent un « langage commun » et permettent une comparaison entre les projets.

Sphère reconnaît que les indicateurs peuvent être modifiés dans certains contextes. Dans le cas ci-dessous, un organisme explique pourquoi il ne peut pas fournir les 7-15 litres d'eau par personne par jour. Lorsque les indicateurs ne peuvent pas être satisfaits, il est important d'être transparent, de noter les raisons au cours de l'évaluation et du suivi de l'impact et, si possible, de plaider pour que les indicateurs soient satisfaits.

Projet Éthiopie

Dans un projet relatif à la sécheresse en 2000, nous avions fourni de l'eau à plus de 400 000 personnes. Nous avions fourni approximativement 5 litres par personne par jour au lieu des 15 litres recommandés. C'était au-delà des capacités des bailleurs et celles de la logistique. Nous avons clairement indiqué que nous étions en train de fournir de l'eau uniquement pour la consommation et la cuisine.

Les indicateurs de changement

Partout où cela est possible, impliquez les femmes, les hommes, les enfants affectés par l'urgence dans la décision sur les changements qu'ils veulent voir se réaliser. Demandez aux membres de la communauté lors d'une réunion, d'un atelier ou lors de discussions individuelles ce qu'ils espèrent voir se réaliser à la fin du projet. Tenez des réunions séparées pour les femmes et pour les autres groupes.

Demandez aux personnes affectées ce qui se passera si le projet réussit. « Imaginez que le projet est fini. Quelles seront les bénéfices pour les populations ? Comment est-ce qu'il affectera votre vie ? Qu'est-ce qui va se produire ? » La réponse des populations à ces questions aide à vous fournir des indicateurs don't vous avez besoin pour observer le progrès et le changement.

Les indicateurs de changement élaborés par la communauté,
- Peuvent être ou non compatibles avec les autres indicateurs
- Peuvent paraître illogiques pour des étrangers
- Peuvent ne pas être applicables dans d'autres urgences ou d'autres communautés
- Peuvent ne pas être liés au temps
- Peuvent ne pas permettre une comparaison entre les projets

9. L'invitation à faire des feedbacks/commentaires sur les activités des projets

10. La collecte de récits sur le travail réussi et les interactions communautaires positives.
Restituez ces récits à la communauté ; par exemple, faites une exposition de photos au cours du transfert.

11. L'appui par des activités culturelles appropriées ou des célébrations lors de la remise des projets à la communauté

12. L'évaluation des activités de communication de départ et l'enregistrement des leçons apprises

D'après Corgonio (2006) « Notes on Accountable exit from Communities when Programmes close ». Oxfam GB Philippines (interne, adapté)

Section 7 :
Autres initiatives de redevabilité

Le Guide suffisamment bon utilise le travail de nombreuses organisations, dont des initiatives du secteur d'assistance : ALNAP, HAP International, People in Aid et Sphère. Pour toute information, voir les liens ci-dessous.

ALNAP

ALNAP a été fondé en 1997 suite à une évaluation multi-organisations en réaction au génocide au Rwanda. Les membres de ALNAP incluent des organisations et des experts en provenance du secteur humanitaire, comprenant les bailleurs de fonds, les ONG, la Croix-Rouge/le Croissant-Rouge, l'ONU et des organisations indépendantes/académiques. ALNAP s'est engagé à améliorer la qualité et la redevabilité de l'action humanitaire, en partageant les leçons apprises, en identifiant les problèmes communs et, si approprié, en construisant un consensus sur les approches. **www.alnap.org**

HAP International

Le Partenariat Humanitaire sur la Redevabilité a été créé en 2003 par un groupe d'organisations humanitaires engagées à rendre leur travail plus redevable vis-à-vis des survivants des catastrophes. L'adhésion à HAP requiert un engagement fondamental pour soutenir les principes de redevabilité de HAP mis en place en cinq ans de recherche-action et d'essais sur le terrain. La Norme de gestion de la qualité de la redevabilité est constituée d'une série de repères susceptibles d'être audités et qui assurent la redevabilité envers les bénéficiaires. Le Manuel de redevabilité de HAP contient des sections du *Guide suffisamment bon.*

www.hapinternational.org

People in Aid

Fondé en 1995, « People in Aid » est un réseau mondial d'organismes d'assistance humanitaire et de développement. Il aide les organisations à rehausser l'impact que leurs projets font grâce à une meilleure gestion et un appui au personnel et aux volontaires. Le Code de Bonne Pratique de People in Aid comprend sept principes définis par des indicateurs. L'attachement au Code peut être vérifié à des intervalles réguliers par un auditeur social externe. Depuis 2001, l'observation du code a été reconnue grâce au prix des marques de qualité de « People in Aid ». **www.peopleinaid.org**

Sphère

Sphère a été lancé en 1997 par un groupe d'ONG humanitaires et le Mouvement Croix- Rouge/Croissant-Rouge. Il a élaboré un manuel qui contient une Charte humanitaire, des normes pour quatre secteurs (Eau/assainissement et promotion de l'hygiène; la sécurité alimentaire; nutrition et aide alimentaire; établissements humains et articles non alimentaires; services de santé) plus les normes communes à tous les secteurs. La Charte et les normes contribuent à un cadre opérationnel pour la redevabilité dans le domaine de l'assistance lors de catastrophes. Le manuel est régulièrement révisé en consultation avec les utilisateurs. La révision la plus récente a été publiée en 2004 et la prochaine est prévue en 2009.
www.sphereproject.org

Section 8 :
Sources, informations complémentaires, abréviations

Les références données dans cette section ont été organisées selon la section du Guide à laquelle elles sont liées. « Sources » comprend toute la documentation à partir de laquelle le matériel a été tiré et les « informations complémentaires » conduisent le lecteur vers d'autres ressources utiles en particulier. Toutes les adresses Internet données ont été consultées pour la dernière fois en décembre 2006.

Impliquer les personnes à chaque étape (Section 1)

Sources:

Bhattacharjee, A., Rawal, V., Fautin, C., Moore, J.-L., Kalonge, S. and Walden, V. (2005) « Multi-Agency Evaluation of Tsunami Response: India and Sri Lanka Evaluation », CARE International, Oxfam GB, and World Vision International, disponible à : http://www.ecb project.org/publications/ECB2/Multi-Agency%20 Evaluation%20-%20India%20and%20Sri%20Lanka.pdf

Gorgonio, T. and Miller, A. (2005) « Need To Know List », Oxfam GB Philippines et Oxfam GB (interne).

Les Principes de redevabilité de HAP sont disponibles à : http://www.hapinternational.org/en/page.php?ID page=3&IDcat=10

IFRC (1994) « The Code of Conduct for the International Red Cross and Red Crescent Movement and NGOs in Disaster Relief », disponible à : http://www.ifrc.org/ publicat/conduct/index.asp?navid =09_0

Jacobs, A. (2005) « Accountability to Beneficiaries: A Practical Checklist », Mango for Oxfam GB, disponible à : http://www.mango.org.uk/guide/files/draft-accountability-checklist-nov05.doc

Phoeuk, S. (2005) « Practical Guidelines on Humanitarian Accountability », Oxfam GB Cambodia (interne).

Sphère (2004) « Norme commune 1: Participation », dans *Charte humanitaire et normes minimales lors des opérations de secours en cas de catastrophe*, Projet Sphère, disponible à : http://www.sphereproject.org/content/view/29/84/ lang,English/

Wall, I. with UN-OCHA (2005) « Where's My House ?: Improving communication with beneficiaries: an analysis of information flow to tsunami affected populations in Aceh Province », UNDP, disponible à : http://www.humanitarianinfo.org/sumatra/reference/ assessments/doc/other/UNDP-WhereMyHouseFinal. Pdf

Informations complémentaires

Blagescu, M., de Las Casas, L., and Lloyd, R. (2005) « Pathways to Accountability: A Short Guide to the Global Accountability Project Framework », One World Trust, disponible à : http://www.oneworldtrust. Org/pages/download.cfm?did=315

Cabassi, J. (2004) « Involvement of PLHA (People living with HIV/AIDS) », in *Renewing Our Voice: Code of Good Practice for NGOs Responding to HIV/AIDS*, the NGO HIV/ AIDS Code of Practice Project, disponible à : http:// www.ifrc.org/Docs/pubs/health/hivaids/ NGOCode.pdf?health/hivaids/NGOCode.pdf

HAP International (à paraître, 2007) « Manual of Humanitarian Accountability and Quality Management ».

UNHCR (2006) « A rights-based approach including accountability to refugees », in *Operational Protection in Camps and Settlements*, disponible à : http://www.unhcr. Org/publ/PUBL/448d6c122.pdf

Etablir le profil des personnes affectées par l'urgence (Section 2)

Sources

Burns, S. and Cupitt, S. (2003) « Managing outcomes: a guide for homelessness organisations », Charities Evaluation Services, disponible à : http://www.ces-vol.org.uk/downloads/managingoutcomes-16-22.pdf

Clifton, D. (2004) « Gender Standards for Humanitarian Responses », Oxfam GB (interne). Feuerstein, M.-T. (1986) « *Partners in Evaluation: Evaluating Development and Community Programmes with Participants* », Macmillan (adapté), disponible à : http://www.talcuk.org/catalog/product_info. Php?manufacturers_id=&products_id=225 &osCsid= ed7945aaa4079bfe51af4fb2413c4cc6. Pour toute commande en gros des copies veuillez prendre contact avec Victoria Rose à Macmillan Education: vrose@macmillan.com

Gosling, L. with Edwards, M. (2003) « *Toolkits: a practical guide to planning, monitoring, evaluation and impact measurement* », Save the Children, disponible à : http://www.savethechildren.org.uk/scuk/jsp/resources/details.jsp?id=594&group=resources&section=publication&subsection=details

Groupe Urgence Réhabilitation Développement pour ALNAP (2003) « *Participation by Crisis-Affected Populations in Humanitarian Action: A Handbook for Practitioners* », projet, disponible à : http://www.alnap.org/publications/gs_handbook/gs_handbook.pdf

IFRC (2005) « *World Disasters Report 2005* », disponible à : http://www.ifrc.org/publicat/wdr2005/index.asp

IFRC (2000) « Disaster Emergency Needs Assessment »,
in Disaster *Preparedness Training Manual*, disponible à :
http://www.ifrc.org/cgi/pdf_dp.pl?disemnas.pdf

Oxfam (no date) « Background Information: Checklist for
Rapid Assessments In Emergencies », (interne). Schofield,
R. (2003) « Do's of interviewing beneficiaries »,
Medair (internal).

Sphère (2004) « Norme commune 2 : évaluation initiale »,
dans *Charte humanitaire et normes minimales lors des
opérations de secours en cas de catastrophe*, Projet Sphère,
disponible à : http://www.sphereproject.org/content/
view/30/84/lang, English/

Srodecki, J. (2001) « World Vision Use of Sphere
Standards in a Large Scale Emergency: A Case Study
of the Spring 2001 Gujarat Response », World Vision
International (internal).

USAID Centre for Development Information and
Evaluation (1996) « Conducting Focus Group
Interviews », in *Performance Monitoring and Evaluation
TIPS*, number 10, disponible à : http://www.usaid.gov/
pubs/usaid_eval/ascii/pnaby233.txt

Walden, V. M. (pas de date), « Focus group discussion »,
Oxfam GB (interne).

World Vision (pas de date) « Rapid child protection assessment form in situations of natural disasters », (interne).

Informations complémentaires

Cabassi, J. (2004) « Involvement of PLHA (People living
with HIV/AIDS) », in *Renewing Our Voice: Code of Good
Practice for NGOs Responding to HIV/AIDS*, the NGO
HIV/AIDS Code of Practice Project, disponible à :
http://www.ifrc.org/Docs/pubs/health/hivaids/
NGOCode.pdf?health/hivaids/NGOCode.pdf

Inter-agency Standing Committee (2006) « *Women, Girls, Boys and Men: Different Needs Equal Opportunities: A Gender Handbook for Humanitarian Action* », (projet), disponible à : http://www.humanitarian info.org/iasc/content/documents/default.asp?docID= 1948&publish=0

Inter-agency Standing Committee (2005) « *Guidelines for Gender-Based Violence Interventions in Humanitarian Settings* » *(Arabic, English, French, Bahasa Indonesia or Spanish)*, disponible à : http://www.humanitarianinfo. org/iasc/content/subsidi/tf_gender/gbv.asp

Jones, H. et Reed, B. (2005) « *Water and Sanitation for Disabled People and Other Vulnerable Groups: Designing services to improve accessibility* », WEDC, disponible à : http://wedc.lboro.ac.uk/publications/details.php? book=1%2084380%20079%209

« Keeping Children Safe: Standards for Child Protection », disponible à : http://www.keepingchildrensafe.org.uk

« Mobility International USA (2004), Checklist for inclusion », disponible à : http://www.miusa.org/pub-lications/freeresources/Checklist_for_Inclusion.pdf Haut Commissariat des Nations unies pour les réfugiés (2006)

« UNHCR Tool for Participatory Assessment in Operation », disponible à : http://www.unhcr.org/publ/ PUBL/450e963f2.html Slim, H. and Bonwick, A. (2006)

« *Protection: an ALNAP Guide for Humanitarian Agencies* », Oxfam, disponible à : http://www.odi.org.uk/alnap/ publications/protection/ alnap_protection_guide.pdf

USAID (2005) « *Field Operations Guide for Disaster Assessment and Response: Version 4.0* », disponible à : http://www.usaid.gov/our_work/humanitarian_ assistance/disaster assistance/resources/pdf/fog_ v3.pdf

Wells, J. (2005) « Checklist for older persons in internally displaced persons camps » in « Protecting and assisting older people in emergencies », HPN Network Paper 53, Overseas Development Institute, disponible à : http://www.odihpn.org/report.asp?ID=2758

Identifier les changements que les personnes veulent voir (Section 3)

Sources

Bishop, L. (2002) « First steps in Monitoring and Evaluation », Charities Evaluation Services, disponible à : http://www.ces-vol.org.uk/downloads/first mande-15-21.pdf

Centre for Participation, NEF (2001) « Prove it! », New Economics Foundation, disponible à : http://www.new economics.org/gen/z_sys_publicationdetail.aspx? pid=52

Clark, Margarita, Save the Children, interview.

Clarke, Nigel, interview.

Gosling, L. et Edwards, M. (2003) « *Toolkits: a practical guide to planning, monitoring, evaluation and impact measurement* », Save the Children, disponible à : http://www.savethechildren.org.uk/scuk/jsp/ resources/details.jsp?id=594&group=resources& section=publication&subsection=details

Oxfam GB (pas de date) « Rebuilding Lives in Sri Lanka for Tsunami Affected People: Oxfam's Integrated Transitional Shelter Programme ».

Sphère (2004) « Portée et limites du Manuel de Sphère », dans *Charte humanitaire et normes minimales lors des opérations de secours en cas de catastrophe*, Projet Sphère, disponible à : http://www.sphereproject.org/content/view/23/84/lang,English/

Walden, V. M. (2005) « Community Indicators », Oxfam (interne).

Informations complémentaires

Jobes, K. (1997) « Participatory Monitoring and Evaluation Guidelines, Experiences in the field, St Vincent and the Grenadines », DFID, disponible à : http://portals.wi.wur.nl/files/docs/ppme/PPME. pdf

Sigsgaard, P. (2002) « Monitoring without indicators », *Evaluation Journal of Australasia* 2 (1), disponible à : http://www.aes.asn.au/publications/Vol2No1/monitoring_without_indicators_msc.pdf

Sphère (2004) « Norme commune 3 : intervention », dans *Charte humanitaire et normes minimales lors des opérations de secours en cas de catastrophe*, Projet Sphère, disponible à : http://www.sphereproject.org/content/view/31/84/lang, English/

Sphère (2004) « Norme commune 4 : ciblage », dans *Charte humanitaire et normes minimales lors des opérations de secours en cas de catastrophe*, Projet Sphère, disponible à : http://www.sphereproject.org/content/view/32/84/lang, English/

Suivre les changements et faire du feedback un processus à double sens (Section 4)

Sources

Burns, S. and Cupitt, S. (2003) « Managing outcomes: a guide for homelessness organisations », Charities Evaluation Services, disponible à : http://www. ces-vol.org.uk/downloads/managingoutcomes-16-22.pdf

Danish Refugee Council and HAP International (2006) « Complaints-handling for the Humanitarian Sector: Seminar Report », disponible à : http://www.hap international.org/en/complement.php?IDcomplement =57&IDcat=4&IDpage=76

Feuerstein, M.-T. (1986) « *Partners in Evaluation: Evaluating Development and Community Programmes with Participants* », Macmillan (adapté), disponible à : http://www.talcuk.org/catalog/product_info. Php? manufacturers_id=&products_id=225&osCsid= ed7945aaa4079bfe51af4fb2413c4ccé. Pour toute commande en gros des copies veuillez prendre contact avec Victoria Rose à Macmillan Education : vrose@macmillan.com

Meissner R., Zachariah, A., and Schofield, R. (2005) « Beneficiary feedback tools in West Darfur « , *HAP International Newsletter 5*, August, disponible à : http://www.hapinternational.org/pdf_word/887-Newsletter%20Issue%20no%205.doc

Schofield, R. and Primrose, J., Medair, written communication.

Walden, V. M. (2005) 'Monitoring and Evaluation', Oxfam (internal).

Watt, John, interview.

Wilson, Pauline, communication écrite.

Informations complémentaires

CDA Collaborative Learning Projects (2005) « Report of The Listening Project, Aceh, Indonesia », Novembre, disponible à : http://www.cdainc.com

International Council of Voluntary Agencies (2006) « Building Safer Organisations project: resources on protection from sexual exploitation and abuse », disponible à : http://www.icva.ch/doc00000706.html
Mango (2005) « Who Counts? Financial Reporting to Beneficiaries: Why is it Important? », disponible à : http://www.mango.org.uk/guide/files/who-counts-why-it-is-important-apr05.doc

People In Aid (2003) « People In Aid Code of Good Practice in the Management and Support of Aid Personnel », disponible à : http://www.peopleinaid. org/code/online.aspx

Sphère (2004) « Norme commune 5 : suivi », dans *Charte humanitaire et normes minimales lors des opérations de secours en cas de catastrophe*, Projet Sphère, disponible à : http://www.sphereproject.org/content/view/33/84/lang,English/

Sphère (2004) « Norme commune 6 : évaluation », dans *Charte humanitaire et normes minimales lors des opérations de secours en cas de catastrophe*, Projet Sphère, disponible à : http://www.sphereproject.org/content/view/34/84/lang,English/

Utiliser le feedback pour améliorer l'impact du projet (Section 5)

Sources

Gorgonio, T. (2006) « Notes on Accountable Exit from Communities when Programmes Close », Oxfam GB Philippines (interne).

Miller, Auriol, entretien

Owubah, C., Greenblott, K. et Zwier, J. (2005) « Top 10 C-SAFE Initiatives in Monitoring & Evaluation », CARE, CRS, World Vision, ADRA, USAID, disponible à : http://pdf.dec.org/pdf_docs/ PNADE672.pdf

Informations complémentaires

« Key Messages from ALNAP's Review of Humanitarian Action in 2003: Enhancing Learning at Field Level and Evaluating Humanitarian Action », disponible à : http://www.alnap.org/publications/ RHA2003/pdfs/ RHA03_KMS.pdf

Prasad, R. R. (2006) « Sri Lanka, Giving voice to people's grievance », Relief Web, 21 June, disponible à : http://www.reliefweb.int/rw/rwb.nsf/db900SID/ ACIO-6QYDWJ?OpenDocument

Roche, C., Kasynathan, N. , and Gowthaman, P. (2005) « Bottom-up Accountability and the Tsunami », paper prepared for the International Conference on Engaging Communities, Oxfam Australia, Brisbane, 1417 August, disponible à : http://www.engaging- communities2005.org/abstracts/ Roche-Chris- final.pdf

Abréviations

ALNAP   The Active Learning Network for Accountability and Performance in Humanitarian Action (Le Réseau d'apprentissage actif pour la redevabilité et la performance en action humanitaire)

C-SAFE   Consortium for Southern Africa Food Security Emergency (Consortium de Secours d'urgence alimentaire pour l'Afrique australe)

ECB   The Emergency Capacity Building Project (Le Projet de renforcement des capacités des secours d'urgence)

HAP   Humanitarian Accountability Partnership International (Partenariat international pour la redevabilité humanitaire)

ONG   Organisation non-gouvernementale

Remerciements

Le Guide suffisamment bon a été conçu lors d'une large consultation qui a commencé en novembre 2005.

La contribution a été reçue lors d'ateliers et de tests effectués sur le terrain ainsi que lors de discussions en tête à tête, par courrier électronique et au téléphone.

Le Emergency Capacity Building Project (ECB) remercie sincèrement les nombreuses organisations et personnes qui y ont contribué par leur expertise.

Projet Hôte
World Vision International

Comité de Rédaction
Sheryl Haw
Ivan Scott
Guy Sharrock
Julian Srodecki
Pauline Wilson

Le Personnel du Projet
Gestionnaire de Projet : Pauline Wilson
Responsable de Gestion des Connaissances et de la Recherche :
Malaika Wright
Administration et Coordination : Susan Lee, Sarah Gerein
Directeur de projet ECB : Greg Brady

Consultants
Auteur : Sara Davidson
Responsable principal d'atelier test : Christophe Lanord
Responsables d'atelier : Emma Jowett, Sean Lowrie,
Juan Sáenz, Ana Urgoiti

Contributeurs

Odette Abascal, Zonia Aguilar. Roberto Álvarez, Barbara Ammrati, Ribka Amsalu, Penny Anderson, Hugh Aprile, Jock Baker, Olga Bornemisza, Catalina Buciu, Maribel Carrera, Saskia Carusi, Esteban Casado, Mario Chang, Zia Choudhury, Margarita Clark, Nigel Clarke, Carlos Consuegra, Larry Dersham, Assane Diouf, Jagannath K. Dutta, Velida Dzino, Charlie Ehle, Francisco Enríquez, Hani Eskandar, Andy Featherstone, Mark Ferdig, Dane Fredenburg, Pamela Garrido, Meri Ghorkhmazyan, Juan Manuel Girón, Kent Glenzer, Krishnaswamy Gopalan, Ting Gorgonio, Marianna Hensley, Maurice Herson, Amy Hilleboe, Claudia Hoechst, Holly Inurretta, Iraida Izaguirre, Mark Janz, Alison Joyner, Nfanda Lamba, Liz Larson, Caroline Loftus, Richard Luff, Florame S. Magalong, Paul Majarowitz, Thabani Maphosa, Elisa Martinez, Daryl Martyris, Ayman Mashni, Cherian Mathew, Auriol Miller, Amilcar Miron, Eleanor Monbiot, Otilia Judith Mulul, Mayra Muralles, Mamadou Ndiaye , Monica Oliver, Danadevi Paz, Marion O'Reilly, Oxfam Aceh team, Chris Palusky, Warner Passanisi, Joshua Pepall, Sok Phoeuk, Adán Pocasangre, Maura Quinilla, Adhong Ramadhan, Lynn Renken, Claudia Reyna, Karen Robinson, Blaise Rodriguez, Mónica Rodríguez, Luis A. Rohr, Susan Romanski, Jim Rugh, Lauren Sable, Abdoulaye Sagne, Marco Vinicio Salazar, Robert Schofield, La Rue Seims, Daniel Selener, Gretchen Shanks, Juan Skinner, Aaron Skrocki, Clare Smith, Ingvild Solvang, Megan Steinke, Nicholas Stockton, Beatrice Teya, Ibrahima Thiandoum, Jutta Teigeler , Cristóbal Ventura, María E. Vidaurre, Carol Toms , Vivien Margaret Walden, Caroline Wegner, John Watt, Kelly Williams, A. Judi Wirjawan, Sharon Wilkinson, Ton van Zutphen

Pour vos notes personnelles